Como vencer a timidez

COLEÇÃO PSICOLOGIA E VOCÊ

- *A consciência como princípio:* releitura à luz da logoterapia de Viktor Frankl – Norberto A. Espinosa
- *A logoterapia é óbvia* – Francisco Bretones
- *Amar e ser amado* – Sam Keen
- *Aprendendo a viver:* caminhos para a realização plena – José Manuel Moran
- *Arte de diminuir a tensão* – Robert Sonntag
- *Caminho de cura interior:* interação com o verdadeiro eu e a força espiritual – Giuseppe Colombero
- *Carícias do coração* – Valerio Albisetti
- *Como gerenciar nossa própria vida* – Hernando Duque Yepes
- *Como prevenir e controlar o estresse:* síndrome do século XXI – Hernando Duque Yepes
- *Como ser mais amado:* aprendendo a relacionar-se com os outros – Peg Tompkins
- *Como vencer a timidez* – Valerio Albisetti
- *De QUEM SOU EU? Para QUEM SOU...* – Deolino Pedro Baldissera
- *Depressão e vida espiritual* – Jean-François Catalan
- *É possível vencer o medo?* – Valerio Albisetti
- *Eles amam você, eles não me amam:* a verdade sobre o favoritismo familiar e a rivalidade entre irmãos – Vera Rabie-Azoory
- *Encontrar-se consigo mesmo:* passos para uma transformação positiva – Joaquín Campos Herrero
- *Enfrentando o medo:* uma abordagem criativa da doença e das crises – Wolfgang Wesiack
- *Estressados ou deprimidos?* – Francesco Canova
- *Nossa ansiedade cotidiana* – Gianna Schelotto
- *O dom do diálogo:* saber escutar – Louis Sahuc
- *Psicoterapia breve* – John Preston, Nicolette Varzos e Douglas Liebert
- *Quando o medo vira doença:* como reconhecer e curar fobias – Roberto Lorenzini e Sandra Sassaroli
- *Reencontro consigo mesmo:* uma proposta de conhecimento, trabalho e liberação dos sentimentos e das emoções – Osório Soares de Freitas
- *Saber amar-se:* psicologia juvenil e relações familiares – Pasquale Ionata
- *Ser amigos ou ter amigos?* Uma forma de conhecer a si mesmo e aos outros – Valerio Albisetti
- *Um mergulho em si* – Fernanda Parolari Novello
- *Vinte e dois passos para* não *se obter sucesso* sem *a inteligência emocional:* dicas de auto-avaliação da sua possibilidade de sucesso – Marilete Vieira Tavares Zampar

Valerio Albisetti

Como vencer a timidez

Dados Internacionais de Catalogação na Publicação (CIP)
(Câmara Brasileira do Livro, SP, Brasil)

Albisetti, Valerio
    Como vencer a timidez / Valerio Albisetti ; tradução Clemente Raphael
Mahl. – São Paulo : Paulinas, 2004. – (Coleção psicologia e você)

    Título original: Come vincere la timidezza.
    ISBN 85-356-0475-8
    ISBN 88-315-2361-9 (Ed. original)

    1. Comunicação interpessoal. 2. Relações interpessoais 3. Timidez
I. Título. II. Série.

04-5306   CDD-158.2

Índice para catálogo sistemático:
1. timidez : Relações interpessoais : Psicologia aplicada   158.2

Título original: *Come vincere la timidezza*
© Figlie di San Paolo, 2002
Via Francesco Albani, 21 – 20149 Milano

Citações bíblicas: *Bíblia Sagrada.* Tradução da CNBB. São Paulo, 2002.

Direção-geral:	*Flávia Reginatto*
Editora responsável:	*Noemi Dariva*
Assistente de edição:	*Marília Muraro*
Tradução:	*Clemente Raphael Mahl*
Copidesque:	*Cristina Paixão Lopes*
Coordenação de revisão:	*Andréia Schweitzer*
Revisão:	*Leonilda Menossi e Patrizia Zagni*
Gerente de produção:	*Felício Calegaro Neto*
Direção de arte:	*Irma Cipriani*
Capa:	*Cristina Nogueira da Silva*
Editoração eletrônica:	*Sandra Regina Santana*

Nenhuma parte desta obra poderá ser reproduzida ou transmitida por qualquer forma e/ou quaisquer meios (eletrônico ou mecânico, incluindo fotocópia e gravação) ou arquivada em qualquer sistema ou banco de dados sem permissão escrita da Editora. Direitos reservados.

Paulinas

Rua Pedro de Toledo, 164
04039-000 – São Paulo – SP (Brasil)
Tel.: (11) 2125-3549 – Fax: (11) 2125-3548
http://www.paulinas.org.br – editora@paulinas.org.br
Telemarketing: 0800-7010081
© Pia Sociedade Filhas de São Paulo – São Paulo, 2004

*Para quem, como eu,
já sentiu vergonha,
já sofreu quedas,
mas foi capaz
de levantar-se
humildemente.
Dos meus leitores
e de mim mesmo
não espero perfeição,
mas integridade.*

Prefácio

Eu tinha consciência de ser tímido, de muitas vezes me sentir envergonhado. Assim, pelo menos, se comentava na família. De minha parte, parecia que eu era um menino que às vezes se esquivava, às vezes tirava o corpo fora ou ficava calado, mas nunca dei importância a esse comportamento.

Com o tempo, fui-me habituando.

"No fundo", sempre pensei assim, "é uma questão de sensibilidade".

Hoje, em fase de prestação de contas, de balanço da vida, percebo que alguns fatos acontecidos comigo, que então eu não sabia explicar, podem ser interpretados como resultado do acanhamento e da timidez.

Tomei a decisão de cuidar desse assunto por meio da palavra escrita, quando percebi que esse tipo de mal-estar está se difundindo de maneira espantosa entre meus contemporâneos. Durante a elaboração deste texto, por exemplo, encontrei pessoas de certa notoriedade, pessoas de sucesso, que me disseram ter, muitas vezes, experimentado o sentimento de vergonha.

Desejo, portanto, que este livro seja libertador, tanto quanto os outros de minha autoria. Depois de tê-lo lido, será maravilhoso ficar bem consigo mesmo, esquecendo, de uma vez por todas, as vozes punitivas de pais, professores e outros educadores, escutadas na infância e na adolescência, e sentir-se, finalmente, um ser humano de valor, que merece estima em qualquer circunstância.

Por outro lado, agrada-me pensar que a diferença que existe entre os seres irracionais e nós, humanos, é exatamente a capacidade de sentir vergonha.

Não foi por acaso que Adão e Eva, mal haviam acabado de comer o fruto proibido, sentiram-se envergonhados. Antes de comerem da árvore do conhecimento do bem e do mal, eles não sabiam o que era a vergonha. Depois de comer a maçã, porém, entenderam a diferença entre o bem e o mal.

Agora sabemos do que se trata.

Tanto que nos sentimos inseguros, observados, alvos de julgamento.

Possuímos, agora, um senso moral.

Conhecemos a vergonha.

E com esse conhecimento tudo muda.

Ao ser humano, a partir desse momento, tudo se torna mais difícil, mais problemático. Para qualquer coisa que decida fazer, terá de escolher entre centenas de possibilidades.

E sempre será uma escolha entre o bem e o mal, entre a justiça e o erro.

É uma voz interior que só os seres humanos podem perceber. Os animais irracionais podem sentir, mas sem terem consciência disso. Para nós, dotados da razão, tudo é infinitamente mais complexo. Vivemos uma gama muito ampla de sensações: ciúme, traição, amor, alegria, esperança, expectativa, fidelidade, honestidade, lealdade e assim por diante.

Os irracionais, em tudo aquilo que fazem, são guiados pelos instintos.

Já para nós, seres humanos, toda escolha, queiramos ou não, está sempre inserida em uma dimensão moral.

E quanto mais complexa a percebermos, mais inseridos estaremos nós em uma humanidade autêntica por excelência.

1. A QUEDA

A perda

Após haver terminado um livro sobre pais e filhos, eu achava que poderia continuar a escrever e a tratar de assuntos referentes à família, ao casal.

Mas a vida contém seus mistérios...

Pensava em continuar, serenamente, a conduzir minha vida eremita depois do incidente que me causara a amputação de parte do polegar direito; mas eu ainda não havia acertado as contas com o meu inconsciente.

Era por isso que tinha voltado ao campo, ao sítio; a ferida, finalmente, estava cicatrizando, mas... sem tomar consciência, eu me surpreendia a olhar, como que às escondidas, o polegar, na expectativa de revê-lo inteiro como antes.

Por alguns dias não dei importância ao fato, pensando que era só uma questão de costume; mas eu estava errado.

Ao perder parte do dedo, perdera parte de mim mesmo.

Tanto que não conseguia mais permanecer na zona rural.

O inverno estava chegando. Então, larguei o sítio e voltei para a cidade. Para a metrópole.

Assim comecei a acertar as contas com o barulho dos carros, o murmúrio da multidão, fechado em um pequeno apartamento, as luzes artificiais sempre acesas, refeições rápidas, o ar poluído, o ir-e-vir contínuo de gente anônima sempre com pressa...

De noite, o pouco sono era repleto de pesadelos... até que cheguei a entender: eu havia perdido a mim mesmo.

Nessas condições psíquicas e espirituais, vim a conhecer Orsinko.

Ingenuidade

Que ingênuo eu havia sido ao pensar que não chegaria a cair!

Há três dias eu contratara um professor para me ensinar a esquiar, e as coisas pareciam estar caminhando da melhor maneira.

Enquanto Orsinko, hábil esquiadora — ela sempre dizia que aprendera a esquiar antes mesmo de aprender a andar —, seguia ao máximo os percursos mais complicados, cheio de entusiasmo eu ouvia atentamente os conselhos de meu professor de esqui.

Dia após dia eu fazia algum progresso e logo, logo — assim pensava — estaria em condições de esquiar ao lado da minha amiga, tão hábil desportista.

Às vezes, porém, serpenteava um certo medo dentro de mim.

Medo?

Não. Melhor seria dizer a sutil sensação de que aquele dia nunca chegaria: eu jamais desceria ziguezagueando com ela.

Naquele dia

O sol brilhava no céu azul, naquele dia.

Mas minha mente estava transtornada.

Bastou pedir-lhe que deixasse comigo a chave do seu carro, onde havia deixado meus esquis, para ver seu rosto enrijecer-se, os olhos apequenarem-se e ouvi-la dizer, tendo os lábios semicerrados, em tom de desprezo: "Na próxima vez, venha com seu carro!".

Senti-me desfalecer.

Havia insistido tanto que a acompanhasse naquelas breves férias nos campos de esqui; poucos minutos antes brincávamos, ríamos, estávamos sentindo-nos felizes, alegres...

Fazia pouco tempo que eu conhecia Orsinko, mas já outras vezes havia observado sua repentina mudança de humor, uma certa frieza afetiva, a introversão nas relações, a dificuldade em comunicar-se, em trocar algumas palavras; e, por outro lado, a desmesurada busca de emoções, o desejo de identificar-se nos símbolos de *status* propostos pela mídia, um certo cinismo em alcançar os objetivos prefixados, a declarada atração pelo poder, pelo dinheiro...

Naquela manhã, procurei fazê-la raciocinar e, pouco a pouco, consegui acalmá-la.

Acompanhei-a por um trecho, depois cada um pegou sua pista previamente escolhida. Mas então uma má vontade, um profundo sentimento de inutilidade, de inadaptabilidade, de tristeza já me oprimia o coração.

Percebia que às vezes essa mulher se mostrava impaciente, que se escondia na hiperatividade, que nunca queria envolver-se em discussões, que não tinha escrúpulo em mentir, se necessário.

Mas sempre a justificava. Pensava em sua difícil vida pregressa, nos traumas que vivera na adolescência (coisas que me confidenciara), nas injustiças por que passara. Sempre me esforcei para entendê-la, mas tornava-se cada vez mais difícil e problemático continuar sendo seu amigo.

Não era a primeira vez que ela me tratava de modo tão arrogante (assim procedia sempre que se sentia culpada), mas, naquela manhã, ao dirigir-me à pista de esqui, notei que o sangue fervia em mim.

Sentia-me dominado pela raiva.

Eu não queria

Eu não queria mais esquiar depois daquela discussão. Mas o professor estava esperando por mim... e decidi, então, tomar a quarta lição.

A primeira descida correu muito bem, mas a mente continuava a não seguir o corpo e na segunda descida caí duas vezes. Na terceira, estava fazendo uma manobra que considerava difícil, quando percebi que várias pessoas estavam me observando, interessadas, e logo senti que submergia, dominado pela emoção.

Os esquis, no entanto, haviam tomado velocidade. Eu não tinha mais a sensação de poder controlá los e, pensando no grupinho de pessoas que me observavam e as quais eu desiludiria se caísse, não só não coloquei em prática os ensinamentos recebidos, o que havia feito com sucesso em descidas anteriores, como também dei ouvidos a algo com muito poder dentro de mim, que queria meu insucesso, meu fracasso, a queda.

Obedeci, resignado.

E caí.

Infelizmente, caí de mau jeito e logo senti uma dor lancinante. A perna esquerda estava quebrada.

Pensei muito

Pensei muito naquela queda.

Por que, ao ver as pessoas que me observavam, fui perdendo a concentração e esquecendo os conselhos recebidos? No fundo, ainda que um pouco difícil, era um percurso já experimentado várias vezes nos dias anteriores.

Dando seqüência à reflexão, encontro só uma resposta: ao perceber que estava sendo observado, perdi por completo a confiança em minhas possibilidades.

E isso, infelizmente, só pode ter uma explicação, ainda que para mim seja doloroso admiti-la: tive *vergonha* da possibilidade de cair.

Não se nasce tímido, nem repleto de vergonha; fica-se assim

Enquanto estou em casa com a perna engessada e escrevendo estas linhas, voltando atrás na minha vida em viagem da memória, lembro-me, com amargura, de sempre ter sido tímido.

Não.

Isso não é verdade.

Nos primeiros anos de vida, vejo um menino alegre, despreocupado, muito vivo que, ao poucos, por causa das constantes repreensões maternas,[1] das ameaças, dos castigos — que só agora consigo entender como sendo imposições do medo e da inadequação de uma jovem mulher, feita mãe —, torna-se cada vez mais aterrorizado.

Amedrontado.

Se minha timidez provém do fato de ter sido amedrontado constantemente na infância pela figura de minha mãe e pelo meio familiar,[2] como adolescente muitas vezes fui humilhado diante de outras pessoas, pela mesma figura.

Mesmo nesse caso, só hoje consigo entender que minha mãe também era tímida e atingida por estados de humilhação, mas a criança não entende essas coisas, porque julga seus pais poderosos, isentos de medo e timidez.

Depois da faixa etária em que a criança se sente amada, protegida pela mãe e pelo meio familiar, vem a experiência da incapacidade, da insegurança em administrar suas emoções e seus afetos, a ponto de ter uma forte sensação de dependência, um vazio de valores, um sentimento de inferioridade.

Se a criança passar pela experiência de não ter a ajuda necessária para encarar suas emoções, os seus instintos, as pessoas com quem se encontra, então conhecerá a timidez.

Do desenvolvimento infantil em diante, o sentimento de timidez e acanhamento se entrelaça com o angustiante sentimento de não-confiança, de não-estima por si mesmo.

---

[1] Cf. ALBISETTI, V. *Genitori e figli*. Milano, Paoline, 2002.

[2] Leia, a esse propósito, V. ALBISETTI, *De Freud a Deus* (São Paulo, Paulinas, 1998).

Faz parte de um salutar crescimento psicológico e espiritual desenvolver uma razoável auto-estima e superar, com a confiança, o sentimento de vergonha que a experiência da impotência faz brotar em nós.

Mesmo como adultos provamos o acanhamento, porque pensamos que os outros sabem fazer muitas coisas bem melhor do que nós, porque pensamos não ser capazes de enfrentar a vida, porque experimentamos emoções negativas, malsãs, por exemplo, com relação ao ciúme ou aos próprios instintos, principalmente o sexual.

2. UMA QUESTÃO DE CONFIANÇA

Confiar no mundo

Timidez e acanhamento são, no fundo, uma questão de confiança.

Confiança em si mesmo.

E a primeira experiência de confiança por que passa o ser humano é com a figura materna. Se a mãe for segura de si, o filho crescerá seguro. Já se ela for insegura, a criança também crescerá insegura.

A esse propósito, não é determinante apenas o modo de ser da mãe, mas também a experiência e as razões que dão suporte a tal comportamento, por exemplo, como a mãe passou o período de maternidade, se é serena ou depressiva, calma ou agressiva etc.

Um adulto dificilmente sentirá timidez ou acanhamento se em seu tempo de criança pôde confiar nos pais. Quando confia nos pais, confia no mundo e, portanto, não receia enfrentar riscos com o intuito de alcançar uma meta, não tem medo de expressar o que sente, e quando é colocado à prova, aceita os desafios.

Deposita confiança nas suas capacidades pessoais.

Não tem medo do mundo.

Não se coloca sempre na defensiva com relação aos outros.

Uma identidade equilibrada leva à integridade

A confiança nos pais leva à autoconfiança e isso induz a pessoa a ver a si mesma, os outros e o mundo com um olhar confiante.

Nessa confiança depositada na vida, o ser humano descobre a sua identidade própria.

Uma identidade equilibrada leva a aceitar todos os aspectos da própria personalidade.

Uma identidade equilibrada faz com que a pessoa sinta-se segura com relação a seus instintos.

Uma identidade equilibrada faz descobrir a unidade interna da própria personalidade.

Uma identidade equilibrada protege a pessoa de uma imagem dura, rígida, sem piedade para consigo mesma e de uma autocrítica exagerada.

Alcança-se o equilíbrio psíquico e espiritual por meio da integridade, que leva a pessoa a tornar-se uma coisa só consigo mesma, a reconciliar-se com o seu passado, com a sua história, cônscia da própria unicidade e irrepetibilidade.

Devo dizer, ainda, que só quem tem uma identidade equilibrada, só quem alcançou a própria integridade é verdadeiramente capaz de tornar-se íntimo, de viver profundamente com o outro. É capaz de viver com outra pessoa, de formar uma família.

Além disso, esta é também a imagem da pessoa humana que corresponde aos planos de Deus. Uma pessoa que vive não-fragmentada, não-cindida, mas com inteireza e integridade.

Pessoa capaz de dar, de criar, repleta de idéias, vitalidade e energia.

Unicidade e irrepetibilidade

Jamais me cansarei de falar da nossa diferença como pessoas, como seres humanos, principalmente nesses tempos em que a maioria dos contemporâneos se rende, se conforma com a moda, com os modelos culturais dominantes.

Já no livro que escrevera antes, *Genitori e figli,* demonstrava como uma educação meramente formal deixa a criança mais limitada, diminui sua vitalidade e reduz suas potencialidades.

Agora penso que, para não ter acanhamento, não é preciso apenas confiar em si mesmo, mas também descobrir a própria unicidade e irrepetibilidade.

Cada ser humano precisa convencer-se de que veio a essa terra exatamente para descobrir, expressar, revelar e viver o que há de *exclusivo*, de *único* nele.

Ter estima por si mesmo significa, portanto, "eu sou quem sou".

Além dos benefícios que esse "eu" poderá obter daí.

Só pelo simples fato de existir.

De haver nascido.

De ter sido criado por Deus com uma finalidade.

De ser o único a ter esse "eu" e ninguém mais.

Assim é o segredo que está por trás de cada um de nós ao parecermos mais ou menos seguros de nós mesmos.

E o sentimento de vergonha surge quando desde criança não somos respeitados em nossa unicidade e irrepetibilidade.

Quando os pais, a sociedade e "a educação" nos obrigam, desde criança, a renunciar à nossa verdadeira natureza, porque somos, por exemplo, segundo os seus cânones, demasiado vagarosos, atrapalhados, calados ou falantes, eles nos fazem odiar a nossa singularidade. Por isso, sentimo-nos feridos, diminuídos e nos fechamos, tornando-nos adultos dependentes e com pouca confiança em nós mesmos.

Cheios de vergonha.

Uma boa comunicação

A auto-estima, portanto, não é inata; depende do quanto nós nos sentimos accitos, respeitados e valorizados.

E para construir uma boa auto-estima, deve-se, ainda, viver em um ambiente de comunicação autêntica, clara e aberta. O calar-se ou o falar pouco, assim como uma comunicação ambígua, indireta, não clara, não autêntica, leva à destruição da auto-estima.

A comunicação, principalmente nas famílias e entre os casais, deve ser positiva, valorizadora, tomada em alta consideração.

Nunca é tarde demais para aprender a comunicar-se, mesmo porque quem estiver lendo este livro deve saber que o afeto por si só não basta para construir uma auto-estima sadia.

3. A PERFEIÇÃO NÃO É UM IDEAL

Admitir as próprias fraquezas

Quem sabe quantas vezes os leitores ficaram estupefatos ao se depararem com textos que escrevi sobre minhas fraquezas, meus sofrimentos... Talvez tenham chegado a pensar que naqueles livros eu não estava seguro de mim mesmo.

No entanto, uma boa auto-estima não deve resultar, necessariamente, em apresentar-se de modo seguro, desembaraçado, como ensina nossa sociedade da imagem, da aparência, que é hedonista e consumista.

Ter uma boa auto-estima significa conhecer o valor que se tem, o papel que se desempenha, a sua própria unicidade e irrepetibilidade. Para mim, significa perceber meu verdadeiro ser, o verdadeiro papel que Deus me confiou fazendo-me vir à vida.

Portanto, uma pessoa pode apresentar-se segura de si mesma, determinada, forte, agressiva, saber o que quer e, mesmo assim, demonstrar baixa auto-estima, porque não reconhece, não aceita as próprias fraquezas, os aspectos sombrios da sua personalidade; porque não sai em busca do desempenho de sua própria missão, da razão de Deus haver-lhe permitido vir a este mundo.

Pode-se, por outro lado, parecer insegura em uma situação nova, em um meio que não seja o próprio e, no entanto, estar consciente do seu valor como pessoa especial, como uma incumbência recebida de Deus.

Exatamente porque tenho consciência de ser "emanação divina" (ocorre-me essa expressão filosofal), tenho a coragem de me expor com minhas fraquezas, com minhas inseguranças, com minhas inibições e minhas defesas.

É justamente porque tenho essa boa auto-estima que posso permitir-me expor a mim na minha fraqueza.

Eu valho, também, nas minhas limitações.

Quem admite os próprios erros diante do outro tem, verdadeiramente, uma boa auto-estima.

Já quem se mantém sempre no que é justo, por parte da razão, quem reprime e não admite as próprias fraquezas, é influenciado, inconscientemente, por essas partes que reprimiu. É comum as pessoas que se apresentam muito seguras ficarem abaladas inesperadamente, perdendo o controle de si mesmas.

Devemos, então, deixar o papel social de que estamos revestidos, devemos abdicar da posição econômica que atingimos, devemos abandonar o poder que temos a exercer para descobrir, entrando nas profundezas da interioridade, as nossas fraquezas.

Devemos, pois, passar pela psique para encontrar nossa parte espiritual.

Só quem vasculha dentro de si os seus próprios limites, as suas próprias fraquezas, pode encontrar Deus.

Independência diante do mundo exterior...

Só quando estiver em sintonia com a sua verdadeira natureza, quando tiver encontrado a sua missão, é que você se sentirá independente do julgamento dos outros.

Se compreender que há valor em você mesmo(a), sua auto-estima não dependerá mais do comportamento de outrem ou do que o outro diz.

Não serão mais importantes nem os elogios nem as críticas, porque você terá encontrado a dignidade de existir ao aceitar o seu mistério, a sua missão.

... e responsabilidade individual

Você se tornará tão verdadeiramente responsável por sua vida que não atribuirá aos outros a culpa por suas fraquezas.

Além disso, a responsabilidade conquistada em relação a sua vida o(a) conduzirá não só a não seguir os modelos propostos pela sociedade, como também a não seguir ideais muito irrealistas em relação a si mesmo(a).

Não se trata de tornarmo-nos perfeitos, mas de ser nós mesmos, com todos os nossos defeitos.

E para fazer isso, precisamos despojar-nos das muitas identificações que realizamos no curso da vida.

Com freqüência nos identificamos com aquilo que disseram nossos pais, os amigos, os professores. Principalmente se considerarmos os modelos socioculturais propostos como vencedores: vivemos para a carreira, para alcançar uma boa situação econômica, para o sucesso profissional... vivemos para ser aceitos, reconhecidos e valorizados pelos outros.

Muitas vezes nos identificamos, também, nos sentimentos, nas necessidades afetivas que temos, mas não fazemos nada para nos condicionar a uma boa auto-estima, para ficarmos próximos da nossa verdadeira natureza, do nosso verdadeiro eu.

Vergonha e sentimento de culpa

Parecem intercambiáveis, mas não são.

O sentimento de culpa nasce em razão de algo que fizemos ou deixamos de fazer; a vergonha nasce do fato de sentirmo-nos inadequados em relação a determinados critérios de perfeição; portanto, é um mal-estar de origem social e cultural.

O sentimento de culpa é produto da consciência de cada um; a vergonha provém da sensação de ser julgado pelos outros cuja opinião prezamos muito.

De uma certa forma, os sentimentos de culpa e de vergonha são positivos. Podem ser úteis em um processo de melhoria pessoal. Advertem-nos de que transgredimos regras e normas que desejamos respeitar. Por outro lado, um ser humano que não sente vergonha tem pouco de humano.

Todavia, se a vergonha passar de um certo limiar, torna-se prejudicial.

Nesse caso, a vergonha que deveremos provar somente por um comportamento nosso, nós a provamos por nossa pessoa inteira. Acreditamos que está sendo posto em discussão o nosso valor como pessoas.

Deus, porém, conhece a diferença entre uma atitude que pode estar errada e a pessoa que a comete.

Somos muito mais do que o nosso eu

Nós somos mais que o nosso eu.

Somos também muito mais do que a nossa autovalorização.

Mais do que nos sentimos, seja seguros ou inseguros, seja fortes ou fracos.

Não importa como você se valoriza — se é melhor ou mais forte que os outros, se aparenta ser seguro(a) de si, se, por exemplo, é superior às críticas e administra bem os sofrimentos de qualquer tipo, afetivos, psíquicos ou físicos —, importa muito mais você descobrir o segredo de sua vocação, do papel que Deus lhe confiou.

Nós também somos mais que nosso passado, mais que nossa própria história, ainda que essas coisas nos tenham condicionado e marcado.

A questão é que freqüentemente buscamos desvendar esse segredo, o nosso verdadeiro eu, fora de nós, no mundo, impelidos talvez pelas tantas identificações realizadas.

E continuamos a mendigar afetos, a buscar consolações, buscamos ser compreendidos, procuramos emoções, a fim de preencher o vazio que se formou graças à falta do verdadeiro eu; e buscamos essas coisas no mundo exterior, nos outros, ao passo que o verdadeiro eu, nosso verdadeiro papel e missão, o denominador da nossa existência, diferente em cada caso, está dentro de nós, em nossa interioridade, em nossa alma.

Não precisamos ser perfeitos

Temos medo de ser julgados, porque confundimos o erro com a pessoa em si.

Talvez por isso muitos de nós tendam a mostrar-se extremamente fortes, perfeitos, seguros de si. Chegam a mentir para preservar a sua perfeição; encontram um bode expiatório para poderem ter razão.

Tudo isso por quê?

Porque acreditam que para serem amados precisam parecer perfeitos.

Não aceitam a possibilidade de errar.

São muito frágeis.

Diante de pequenas críticas, de observações muito simples, dão respostas cheias de agressividade, em nada proporcionais.

Essas pessoas deveriam aprender a dizer a verdade. E poderiam fazê-lo com toda simplicidade: "Desculpe-me, eu errei". Uma frase tão sincera só pode merecer respeito.

Reconhecer que não somos e nunca seremos perfeitos deveria nos dar um sentimento de alívio, de libertação, de serenidade, e não — como às vezes acontece — sentimentos de medo e de insegurança.

Não precisar ser perfeito não quer dizer tornar-se incapaz, medíocre, insignificante. Significa, sim, compreender a sua própria natureza humana.

Se continuarmos a ter medo de errar, a querer passar por perfeitos, porque assim agimos desde crianças com nossos pais e professores, então nossa vida se transformará em tédio e será rotineira, não nos dedicaremos a algo novo, iremos temer o risco.

Assim fazendo, não cresceremos jamais.

Podemos errar

Quem sente vergonha com muita freqüência, quem tem pouca auto-estima, possui, talvez sem saber, uma mentalidade perfeccionista.

Não aceita os próprios limites.

Não admite que pode errar.-
Vê seus erros como fracassos reais e propriamente ditos.

Ao viver com uma mentalidade perfeccionista, a pessoa corre o risco de facilmente se fixar em uma posição depressiva, não conseguindo perdoar o outro ou a si mesma por um erro, uma falha, uma ofensa. Quem, por outro lado, sabe que pode incorrer no erro é capaz de extrair vantagem das falhas cometidas.

É paradoxal. O perfeccionista, já no primeiro erro, se retrai para sempre; o não-perfeccionista, ao errar, sempre aprende mais, segue em frente de um jeito melhor, com mais experiência.

Na existência humana, aquilo que efetivamente conta é a capacidade de recompor-se depois de um erro cometido, depois de uma separação, depois de uma queda econômica. Sempre é possível retomar o caminho, apesar de tudo.[1]

---

[1] Cf. ALBISETTI, V. *Il viaggio della vita:* como riconoscerne e valorizzarne gli aspetti positivi. 2. ed. Milano, Paoline, 1999.

O perfeccionista está destinado a não aprender, a permanecer inflexível, inserido em uma visão privilegiada, hierárquica da realidade, excluindo tudo o que não entra em sua visão de vida.

Ilude-se por achar-se superior aos outros, por ser corajoso, forte. Na realidade, porém, é muito frágil. Internamente, envergonha-se de ser o que é.

Já uma visão não-perfeccionista não divide a realidade em branca e preta, não a separa, não a julga; prefere enfrentá-la, até mesmo em seus aspectos negativos, sem negá-los, porque leva em conta os mistérios e a infinita complexidade da vida.

Desse modo, um erro pode se tornar uma lição.

Um fracasso pode ser convertido em sucesso.

Uma pessoa com mentalidade perfeccionista e arrogante, não querendo aceitar os próprios limites, não consegue fazer com que seus eventuais erros se convertam em frutos.

Portanto, não importa errar, e, sim, enfrentar o erro.

Pode-se conduzir a vida resistindo a quase toda dificuldade, exceto a perda de confiança em si. Quando se perde a auto-estima, perde-se tudo.

Porque assim é atingida a totalidade da pessoa.

Porque assim a pessoa perde toda e qualquer razão para viver.

Cair para reerguer-se

Entendemos, então, que a vergonha só pode albergar uma mentalidade perfeccionista, que não aceita o erro, a queda. Ou melhor, uma vez que chega a errar, uma vez que chega a cair, a personalidade perfeccionista não consegue mais ir adiante, não consegue mais levantar-se.

Só consegue fazer-se levantar e ir adiante quem aceita a possibilidade de cair, quem vive em nome da realidade, da vida, da humanidade, não seguindo modelos irrealistas, ilusórios, frios, inflexíveis, feitos de regras e estereótipos.

É preciso saber usar também o coração, além da mente. Muitas vezes o coração chega aonde a racionalidade pára.[2]

Todos nós pensamos conhecer o mundo e queremos usufruí-lo ao máximo, sem limites. É a mentalidade de quem está à procura de algo. Depois, a vida nos faz defrontarmo-nos com nossos limites, nos faz cair em armadilhas.

A essa altura, pode entrar em ação a mentalidade perfeccionista e deflagar um sentimento nocivo de vergonha, que nos faz querer ficar no erro, que nos impede de levantar depois da queda.

Então, podemos, também, estar rodeados de pessoas que dizem amar-nos, mas que, na verdade, invejam nossa vitalidade. Não querem que sejamos capazes de levantar.

E assim, essas pessoas nos fazem sentir culpa, nos relembram, constantemente, os erros cometidos, nos vêem apenas como um ser que errou, um ser negativo. E mesmo que essas pessoas digam que nos perdoam, elas fazem de tudo para nos tornar dependentes do seu perdão, por toda a vida.

---

[2] Sobre esse assunto, há dois livros de minha autoria: *Ridere con il cuore; un metodo semplice per vivere più sereni* (3. ed. Milano, Paoline, 2002) e o já citado *Il viaggio della vita*.

São pessoas que sempre falam, publicamente, sobre dever. São pessoas que se apresentam sempre como perfeitas, inimputáveis, obedientes às regras.

Não vivem de sentimentos, que elas consideram uma ameaça, porque as tornam mais humanas, mais desprotegidas, mais vulneráveis.

Não têm amigos verdadeiros, não confiam em ninguém, porque têm medo do outro. O mundo dessas pessoas, na realidade, é povoado, acima de tudo, por coisas, objetos e aparências.

Não por algo substancial.

São calculistas em tudo. Vivem para seu próprio benefício.

Procuram não correr riscos.

Procuram de todo modo não cair.

O problema é que essas pessoas, quando caem, não se levantam mais. Ficam estateladas no chão. Ou, não querendo reconhecer a queda, continuam a cometer sempre as mesmas falhas, a repetir infinitamente o mesmo erro.

Já quem admite ter caído, ter errado, e se dá conta de que pode converter em algo positivo a experiência do erro que cometeu, dificilmente errará de novo, dificilmente cometerá outra vez o mesmo erro.

Quem, em contrapartida, comete diversas vezes o mesmo erro é porque não quer admitir a própria fragilidade.

Não tem uma boa auto-estima.

Experimenta uma vergonha malsã de si mesmo.

Cair e levantar-se para não repetir mais o mesmo erro pressupõe saber amar-se.

Saber perdoar verdadeiramente a si mesmo depois (nunca antes!) de ter reconhecido e aceitado o erro que cometeu significa possuir uma boa auto-estima.

Levantar-se e ter força para prosseguir seu caminho com a experiência dos erros que cometeu significa ser um verdadeiro portador de humanidade.

4. EXPRESSÕES DE BAIXA AUTO-ESTIMA

Exibir-se

Muitos são os que compensam a sua baixa auto-estima, sua vergonha e complexo de inferioridade colocando à mostra as próprias capacidades, exibindo segurança, desenvoltura, determinação. Contudo, por detrás dessa imagem só há um grande vazio, além de ódio e falta de estima por si mesmo.

Muitas pessoas complexadas, tímidas, com sentimentos de vergonha, procuram ganhar todo o dinheiro possível e adquirir mais poder para sentirem-se aceitas, prestigiadas e estimadas pelos outros.

Outras vezes, para encobrir a própria impotência, pequenez e miséria, contam vantagem, exagerando suas capacidades.

Paradoxalmente, pelo fato de se exibirem, essas pessoas em geral são rejeitadas, porque se percebe que são falsas, não autênticas, que ocultam profundos sentimentos de inferioridade.

Como sair dessa — Pessoas desse tipo precisam deixar de centrar-se apenas em si mesmas. Devem deixar de procurar algo fora de si, de perseguir reconhecimento, dinheiro ou outras coisas mais e começar a questionar-se quanto às razões profundas que estão por trás de suas atitudes.

Sobretudo, devem sentir-se de alguma forma amadas por Deus e não mais alimentar a idéia de mostrarem-se importantes, mas ir ao encontro dos outros com simplicidade e humildade, compartilhando a sua própria existência.

Não expressar a própria opinião
e sentir-se observado

Muitas vezes as pessoas com baixa auto-estima ficam sem poder de ação perante os outros. Foi isso que aconteceu comigo naquele dia em que levei a queda...

Quando uma baixa auto-estima nos invade, não conseguimos sair do nosso eu, porque não estamos *conectados a nós mesmos*.

Quando em grupo não conseguimos expressar opinião própria; quando agredidos por alguém, não conseguimos defender-nos. A mim aconteceu isso quando fui convidado para um *talk show* de repercussão nacional.

Quando alguém não se centra em si mesmo, acha que os outros o estão sempre espiando, sempre pensando nele, rindo dele, falando mal...

Nessas condições, na presença dos outros, sente-se imóvel, perseguido. Não consegue estar bem consigo mesmo e concede tanto poder aos outros que se torna submisso, dependente, passivamente obediente.

Quando não há auto-estima, principalmente no relacionamento de um casal, sempre ocorre um sentimento de rejeição. Foi o que sucedeu comigo em relação a Orsinko naquela manhã, antes de ir esquiar. As discussões acaloradas — agora compreendo isso —impunham-se, porque ambos passávamos por uma fase de baixa auto-estima. Cada qual se sentia atacado pelas observações do outro e, portanto, na obrigação de se defender e se justificar. Qualquer crítica, por mínima que fosse, tornava-nos inseguros. Nenhum queria ficar submisso ao outro e nos feríamos continuamente.

Como sair dessa — Não é preciso concentrar-se apenas em si mesmo e nem por muito tempo. Ainda que percebamos os próprios limites, as próprias fraquezas, nem por isso devemos paralisar-nos, impedir-nos de viver. Precisamos andar para frente, mesmo contando com defeitos, imperfeições, fragilidades e erros.

Fazer constantes comparações

Quem não tem estima por si mesmo, quem se envergonha, é levado a fazer comparações com os outros. Pessoas assim vivem se comparando todos os dias com os outros, mas ao fazê-lo, sentem-se sempre em desvantagem. Na verdade, encontram sempre alguém mais inteligente, mais forte, mais habilidoso do que si mesmas.

Entre outras coisas, viver comparando-se com os outros impede a pessoa de manter-se conectada a si mesma; impede que ela dê sentido e valor à própria vida.

Tal situação tolhe a sua unicidade e irrepetibilidade.

Como sair dessa — É preciso entender, de uma vez por todas, que a vida é nossa e que somos chamados a vivê-la em primeira pessoa. Por isso estamos vendo, nestas páginas, que viver significa caminhar sobre os próprios pés, com as costas eretas e estimar-se.

Não há desculpas, justificativas.

Deus nos dá a possibilidade.

Nosso objetivo, como sabemos, é descobrir por que viemos a este mundo, é encontrar a nossa missão; por certo, não é ficar observando o que fazem os outros.

Ter medo dos outros, não correr riscos

Quem não tem estima por si mesmo, quem se envergonha, no fundo, teme as pessoas que encontra. Pensa que está diante de um inimigo, de um adversário do qual deve resguardar-se.

O medo diante da vida, do futuro, leva o ser humano a ficar sempre na defensiva, a ter medo de cometer erros, a procurar desesperadamente controlar quem encontra, quem está próximo, e aí perde o controle de si mesmo, da própria vida. Assim procedendo, não se mantém conectado a si mesmo e sua vida se torna repleta de medos.

Assusta-se diante das dificuldades. Tem medo de tudo que possa ameaçá-lo; tem medo de errar, de fazer feio.

Sua personalidade gira em torno de uma consciência impiedosa, dura consigo mesmo, que se autopune, que se desvaloriza, que se diminui.

Como sair dessa — Precisamos tomar consciência de que a vida é infinitamente intensa e extensa, portanto não é controlável, não pode ser inteiramente administrável nem programável.

Assim, é preciso ousar, arriscar-se, participar do jogo.

Seja como for.

Precisamos viver a vida, e não simplesmente passar por ela.

Desvalorizar-se, diminuir-se

Eu mesmo estive, por um período, permeado por um sentimento que confundia humildade com humilhação, com desvalorização, com autodestruição.

Quantas vezes, agora percebo, me calei em relação às minhas capacidades, quantas vezes achei que não era capaz de fazer isso e aquilo (não posso deixar de pensar de novo na minha queda na pista de esqui).

Hoje entendo que humildade significa entrar na própria interioridade, aceitar e não menosprezar os próprios limites, as próprias fragilidades.

Como sair dessa — Não podemos *jamais* perder a dignidade de sermos criaturas divinas, qualquer que seja o nosso sofrimento.

É preciso lembrar, sempre, de que somos mais fortes que a dor que a vida ou os outros possam causar-nos.

Procurar sempre a aprovação, não saber dizer não

Muitas vezes as pessoas que se sentem envergonhadas não conseguem manifestar sua opinião, têm medo de se expor, de correr riscos, e com o tempo, procurando agradar a todos, perdem o contorno de sua personalidade.

Não sabem dizer não.

Por medo de ver o outro sofrer, por medo de desiludi-lo, por medo de irritá-lo...

Infelizmente, a pessoa que desde criança nunca recebeu um afeto incondicional, liga sua auto-estima aos outros, conforme eles demonstram maior ou menor estima e atenção diante dela.

Se assim agirmos, nunca seremos nós mesmos de fato.

Teremos aprendido apenas a sobreviver, não a viver!

Habituamo-nos a ser amados somente quando éramos bonzinhos e obedientes. Entretanto, o amor é incondicional. Devemos ser amados pelo simples fato de existir, por nosso verdadeiro eu, por sermos, de todo modo, filhos de Deus.

Infelizmente, quem experimenta esse tipo de vergonha é continuamente absorvido por si mesmo. Acha que os outros pensam apenas nele. Qualquer coisa que perceba ou observe, sempre acha que se refere à sua pessoa.

Como sair dessa — Também nesse caso a pessoa não deve jamais se esquecer de que é uma criatura divina. Então, precisa distinguir o seu próprio valor do papel que os outros desempenham e também dos diversos símbolos de *status* propostos pela sociedade.

Deixar de falar apenas sim e dizer o que sente interiormente. Se dentro de si surgir um não, precisa ser coerente com o seu eu e dizer não.

Não devemos ficar sempre focados em nós mesmos, mas pensar que os outros não dão tanta importância à nossa pessoa; conseqüentemente, iremos nos comportar de modo natural, espontâneo, autêntico.

Sentir-se superior

Pode parecer paradoxal, mas quem se sente envergonhado muitas vezes tem atitudes arrogantes, de soberba, como se fosse superior aos outros.

Certamente não quer enxergar-se por aquilo que é, e menospreza quem encontra, quem lhe está próximo; crê, ainda que inconscientemente, estar dando importância a si mesmo.

Pessoas assim se apresentam aos outros com grande segurança e determinação, envaidecem-se das próprias capacidades e fazem um alto juízo de si mesmas.

Mas só na aparência.

Na realidade, dentro de si, sabem perfeitamente que são fracas, frágeis, inseguras.

Justamente por essa razão, tais pessoas não querem ver-se pelo que são. Não querem admitir que têm as inseguranças e as fragilidades de muitos outros seres humanos.

Em geral não têm senso de humor.

Nunca riem de si mesmas.

Não querem colocar-se diante de sua realidade, para poderem continuar a iludir-se de que são seres vencedores.

Como sair dessa — Precisaria haver coragem de olhar para dentro de si e aceitar as próprias fragilidades, o lado mais obscuro.

Para isso, nunca devemos nos esquecer de que somos pessoas falíveis, que devemos ser humildes e crescer em nossa humanidade, de algum modo.

A gratidão é um dos ingredientes que faltam a quase todos que se sentem superiores, aos presunçosos, aos arrogantes. E, no entanto, sabemos que tudo nos é dado, até a própria vida...

Como uma doença

Enquanto estou escrevendo, tomo consciência de que essas formas de baixa auto-estima são uma espécie de doença.

Isso mesmo. Agora, eu posso dizer que:

- quando não estamos bem com nosso eu,
- quando não aceitamos o que somos,
- quando temos medo de ficar sozinhos com nós mesmos,
- quando nos falta a coragem de viver,
- quando não há empenho em desenvolver-nos,
- quando não queremos nos ver como de fato somos,
- quando sentimos medo,
- quando experimentamos vergonha,
- quando ficamos tímidos,
- quando encontramos dificuldade em expressar nossos sentimentos próprios,
- quando nos amedrontamos ao sentirmos algo de negativo em nós,
- quando não estamos conectados a nós mesmos e nos agarramos às pessoas e às coisas, então, sim, estamos doentes.

5. ÀS VEZES BASTA O PENSAMENTO

Vergonha real ou imaginária

A essa altura, importa dizer que nem sempre os motivos da vergonha e da timidez são reais. Muitas vezes acreditamos, supomos ou deduzimos que a reação dos outros será, sem mais, aquela que imaginamos.

Quando estava na pista de esqui, por exemplo, pensei que o grupo dos visitantes estava me observando, mas não estou certo disso. Talvez estivessem simplesmente olhando na minha direção, talvez não estivessem olhando exatamente para mim...

Assim, quando me respondeu duramente, não é certo que Orsinko estivesse desejando me ferir. Talvez estivesse nervosa, por exemplo, por motivos pessoais...

Portanto, a vergonha e a timidez vêm à tona também em condições que objetivamente não as justificam.

Por outro lado, é imperioso *pensarmos* que tais condições existem. Afinal, nossas convicções é que sempre são os verdadeiros protagonistas da vergonha e da timidez.

Mais uma vez, então, é o nosso eu ou a nossa psique que nos quer colocar em situações de timidez, de vergonha ou de simples embaraço, certamente não o corpo, e menos ainda a parte espiritual.

Ainda a propósito da queda

Sim, é verdade. Minha auto-estima estava em baixa naqueles dias, mas com certeza um outro elemento que contribuiu para gerar em mim aquele estado de vergonha foi perceber que eu vivia sentimentos de insatisfação, desilusão e frustração quando estava com Orsinko.

No início deste livro descrevi um pouco o caráter dessa amiga. E isso não foi por acaso. Porque minha psique, até esse ponto do livro, afastou e deformou a dinâmica de como se passaram de fato as coisas naquele dia.

É bem verdade que havíamos discutido, mas sobre quê? Sobre a chave do carro, vocês vão dizer. Aquilo, porém, foi só um pretexto, o motivo do momento.

Naquela manhã, meus ouvidos registraram ainda outra frase como acréscimo à primeira: "Não aja como criança".

Hoje, com a mente tranqüila após tanto tempo, compreendo que a pessoa que a proferiu estava falando de si mesma, estava fazendo uma projeção. Na realidade, seu comportamento era infantil, de criança mal-acostumada, mas naquele momento desencadeou-se em mim um sentimento de vergonha.

Por quê?

Provavelmente porque eu estava vivendo um período de baixa auto-estima, mas um outro pensamento me sobrevém: aquela frase, além das atitudes daqueles dias, que não vou narrar agora, tirava qualquer outra ilusão sobre um tranqüilo entendimento entre nós dois.

Só hoje descubro que havia em mim o desejo de agradar Orsinko.

Estou exagerando?

Sim, estou pondo uma pitada de exagero nessa história com Orsinko. Porque quando se sente vergonha, a tendência é dramatizar, é levar ao exagero aquilo que sucede conosco.

No fundo, paradoxalmente, quer-se ocultar a pouca auto-estima, revelando-a.

Não só isso.

Um outro sinal inequívoco da vergonha que uma pessoa experimenta é sua baixa resistência diante das dificuldades, por pequenas que sejam.

Também aqui, de forma mascarada, desponta a pouca estima por si mesmo.

Por outro lado, não exagero na descrição das diversas atitudes assumidas por uma pessoa que experimenta vergonha ou timidez.

Tendência ao isolamento

Quando se faz alguma coisa pela qual se experimenta vergonha, ocorre a necessidade de afastar-se dos outros.

Não é preciso que alguém *realmente* nos julgue. Basta *pensar, supor* que uma pessoa possa fazer um juízo a nosso respeito, possa nos criticar, possa zombar de nós.

Sob a necessidade de se isolar, há, sempre, uma baixa estima de si. Estando em autodesvalorização, a presença dos outros se torna por demais dolorosa e enfadonha.

Lembro-me de que, naquela manhã, depois de sentir-me ferido pelo comportamento de Orsinko, quis me isolar, ficar só, e não mais sair para esquiar.

Tendência a agredir

Quando agredimos a quem nos envergonhou, queremos, desse modo, afastar de nós o sentimento de vergonha que estamos experimentando.

Iludimo-nos de que a causa de nossa vergonha é a pessoa que nos criticou, não a validade ou a não-validade da crítica.

Agredindo o outro, evitamos agredir a nós mesmos.

Além do mais, quando elevamos o tom da voz, quando agredimos, sentimo-nos "fortes" e essa sensação contrabalança a de impotência que se apodera de nós quando nos envergonhamos.

Porém, quanto mais uma pessoa reage irritando-se quando a fazem sentir vergonha, tanto menos ela consegue discernir o que lhe causa esse sentimento.

Voltando à história que estamos partilhando, provavelmente Orsinko me agrediu porque meu modo de ser a fez sentir vergonha, e eu, por minha vez, a agredi quando achei que ela estava zombando de mim ou me desprezando.

Tendência a autodestruir-se

Parece incrível, mas é assim.

Quanto mais nos desvalorizamos, mais nos diminuímos e mais continuamos a fazer isso. Quanto mais nos envergonhamos, por exemplo, de ser gordos, mais comemos para nos punir pela vergonha que sentimos ao verificarmos que estamos acima do peso.

Um pensamento me ocorre dolorosamente neste momento: será que minha queda foi provocada por um desejo de autodestruição? Queria punir-me por ter escutado Orsinko que me encorajava a continuar as aulas?

Queria punir-me por estar me relacionando com essa mulher, ainda que entendesse que para mim seria uma experiência negativa?

Ou procurei demonstrar que não significava nada, que com a minha idade ainda não sabia esquiar e, portanto, era ainda uma criança?

Depressão e resignação

Com o tempo, a timidez e a vergonha criam um estado de depressão, de abulia, de resignação.

Isso sucede principalmente quando, depois de repetidas tentativas para sair dessa situação, continua-se a sentir vergonha. Aí se fica desiludido. A pessoa se dá por vencida, sem plano preestabelecido, sem metas e sem valores.

Em nós não há mais ardor moral, não nos sentimos mais impelidos a buscar ideais.

Não procuramos mais crescer, não lutamos mais contra as injustiças.

Largamos tudo.

Continuamos a trabalhar no dia-a-dia, mas por hábito, por vezes buscando subterfúgio no hiperativismo, porém, no fundo, sem paixão, sem novos estímulos.

Assim, abandonamo-nos passivamente às mensagens cada vez mais insistentes e difusas dos meios de comunicação de massa.

Raiva

Muitas vezes quem sente vergonha procura um sentimento de libertação, de alívio, ao externar toda a raiva que sente dentro de si.

Tem uma auto-estima tão baixa que se acha poderoso, forte, só ao gritar ou fazer gestos com as mãos.

A raiva é a expressão da sua fraqueza, da sua impotência.

Além do mais, a vergonha não tem palavras, não sabe falar. A única comunicação estabelecida, nesse caso, é a raiva, a agressividade, a vontade de romper com tudo.

É, no fundo, um grito de socorro.

É necessidade de atenção, de afeto.

Quem tem auto-estima não precisa gritar, gesticular, usar a força para se fazer notar. Mas quem não experimenta auto-estima, quem não está ligado a si mesmo, quem sente vergonha, precisa provar aos outros que tem poder, que é forte.

O comportamento humano é quase sempre movido por um mecanismo de compensação. Portanto, quem grita, quem se mostra forte e poderoso perante os outros, em geral se sente fraco, impotente por dentro. Quem cuida com esmero da própria aparência, quem faz de tudo, quanto à roupa, ao modo de apresentar-se, para exibir o próprio corpo, em geral dentro de si se acha feio, nada bonito.

A raiva, às vezes, volta-se contra a própria pessoa.

Quem se sente envergonhado muitas vezes é duro consigo mesmo, procura inibir os próprios instintos, não se permite qualquer alegria e pune-se continuamente. A autopunição pode até resultar em um acidente, em uma doença, em grandes renúncias, em severas repressões.

As pessoas envergonhadas são com freqüência as mais exigentes consigo mesmas. Impõem-se castigos, condenam-se por pequenas faltas, por erros mínimos.

Aqueles indivíduos que sentem vergonha dos seus instintos são exatamente os que se tornam juízes impiedosos de si mesmos e de quem encontram pelo caminho.

O verdadeiro problema

Infelizmente, o verdadeiro problema de tudo quanto foi dito até agora é que muitas vezes não aprendemos o ensinamento proveniente do fato de haver experimentado o sentimento de vergonha.

Por outro lado, como já tive a oportunidade de dizer em outros livros, tiramos ensinamento das coisas que nos acontecem somente quando tomamos distância delas.

Quando nos sentimos envergonhados — já vimos isso —, ocorre uma baixa auto-estima, sentimo-nos fracos, fracassados. Como poderemos, nesse estado psíquico, ser objetivos, tomar distância de uma situação na qual somos nós a querer continuar como vítimas?

Não sabendo, porém, reconhecer os motivos pelos quais nos envergonhamos, a não ser acreditando, para nos consolar, que somos frágeis, estaremos ineludivelmente obrigados a repetir no futuro sempre os mesmos comportamentos e atitudes de que tanto nos envergonhamos.

Tanto mais que, habitualmente, quando sentimos vergonha, agimos em sentido contrário ao que pensamos na

49

realidade ser. Por exemplo, muitas pessoas com baixa auto-estima, que não gostam de seu próprio aspecto físico, compensam esse estado de espírito com freqüentes relações sexuais e com diferentes parceiros. A quantidade e a diversidade de parceiros fazem com que esses indivíduos acreditem que são bonitos ou de algum modo simpáticos, atraentes.

O problema é que continuam sendo sempre os mesmos, essas compensações não podem durar por muito tempo, e a vergonha virá à tona ainda mais forte do que antes.

A vergonha muda o modo de viver

Vimos que quando ficamos envergonhados começam a atuar comportamentos e atitudes autodestrutivos; até nosso comportamento social muda. Tendemos, por exemplo, a evitar situações que consideramos fonte de vergonha. Em grupo, dificilmente exprimiremos nossa opinião, para não correr riscos, para não ser centro de atenção, por medo de ser motivo de zombaria, de ser enganados, criticados. Assim, preferimos conformar-nos à vontade da maioria; tendemos a nos submeter a pessoas que exercem influência, que têm autoridade, a adulá-las, justamente por medo de que nos levem a uma situação de vergonha; ou, então, seremos levados a agredi-las sem razão...

Além disso, quando sentimos vergonha, nossa tendência é perceber de maneira negativa a realidade que nos circunda. Estamos sempre esperando coisas negativas ou dolorosas, dramatizamos, resistimos pouco às frustrações da vida.

E não é só isso.

Quase sempre a vergonha leva a falsear a realidade das coisas: a pessoa nega ser responsável pelo que fez, atribui aos outros a culpa por suas atitudes, pensa ser excepcional, fora de comum, superior aos outros.

E mais: a vergonha nunca está presente sozinha. Arrasta consigo outros estados de espírito negativos, malsãos, como a ansiedade, a depressão, o sentimento de culpa, os complexos de inferioridade, a raiva...

É, a raiva.

Naquele dia, Orsinko me fez sentir vergonha e por isso reagi contra-atacando; ela, sentindo-se envergonhada por sua vez, levou o ataque pessoal ao extremo. E assim foi que se deu uma disputa destrutiva que deixou a ambos exaustos, feridos e repletos de dor.

6. COMO DESCOBRIR O PRÓPRIO VALOR

O trabalho de aceitação total de si mesmo...

Na longa tarefa de aceitação plena de si mesmo é preciso eliminar de vez as ilusões.

As ilusões de olhos abertos que desde adolescentes começamos a criar, sonhando em nos tornarmos logo ricos, famosos, poderosos ou fascinantes, circundados de muito calor e amados, em geral para compensar sentimentos de inferioridade, frustrações e rejeições.

Tornar-nos maduros, viver de verdade, significa o contrário: aceitar-nos como realmente somos, em nossa natureza humana.

A sociedade em que vivemos, altamente competitiva e agressiva, nos quer só vencedores, bem-sucedidos, perfeitos. Mas se quisermos estar bem de fato, se quisermos assumir o papel que Deus confiou a cada um de nós, se quisermos manifestar verdadeira estima por nós mesmos, precisamos nos aceitar totalmente, inclusive com as nossas fragilidades.

Para mim — agora o leitor sabe disso —, forte não é aquele que exibe a força, a riqueza ou o poder de que dispõe, ou aquele que se mostra invulnerável, inabalável e invencível, mas aquele que tem coragem de revelar as próprias fraquezas, as próprias inseguranças e indecisões.

Aquele que, diante dos problemas, sabe rir com o coração.[1]

... demora a vida inteira

Nunca podemos dizer que estamos totalmente livres de hesitações, sem qualquer timidez. Ninguém pode dizer que já aceitou por completo o próprio eu.

É um trabalho que leva a vida inteira.

Eu mesmo, que escrevi dezenas de livros e exerço a profissão de psicoterapeuta há quase trinta anos, ainda me engano. Continuo descobrindo dentro de mim ângulos que não me agradam, que me causam raiva, que me frustram, dos quais me envergonho.

Por outro lado, já em outros livros eu dizia que a via do crescimento jamais é linear. Você pode chegar a dar dois passos para frente e três para trás... O essencial é continuar no percurso.

Reconciliarmo-nos com tudo quanto descobrimos dentro de nós deve tornar-se um estilo de vida, um modo de ser.

Não é fácil.

Assim, por exemplo, quanto mais intensamente vivermos uma relação com outra pessoa, mais vem à tona o nosso lado fraco, mau, obscuro. Freqüentemente ficamos tão desiludidos com o outro que chegamos a achar necessário feri-lo, nos vingarmos, fazer-lhe algum mal e aí descobrimos, realmente, como somos feitos, a nossa verdadeira natureza.

---

[1] Cf. ALBISETTI, *Ridere con il cuore*, op. cit.

Cabe a nós colocar-nos diante disso ou fugir da nossa natureza, reprimi-la ou negá-la. Só na primeira alternativa é que não seremos levados pelo medo, pela vergonha.

Com certeza, ficar diante de nós mesmos aceitando até as próprias fraquezas vai contra o ideal que todos fizemos a nosso respeito...

Não devemos confrontar...

Para conhecer nosso verdadeiro eu, para aceitar a nós mesmos da maneira mais autêntica possível, para relevar o mistério que envolve cada um de nós, não devemos entrar em confronto com os outros.

Por outro lado, é necessário que estejamos ligados a nós mesmos.

Se uma pessoa não tiver estima por si mesma, certamente irá entrar em confronto com os outros. Poderá até sentir-se mais importante que eles. Mas o problema permanece: essa pessoa não está bem consigo mesma.

... mas é preciso estar ligado a si mesmo

Sentimos vergonha, timidez, e apresentamos baixa auto-estima porque permitimos que os outros exerçam poder sobre nós! Tornamo-nos dependentes do parecer deles, das opiniões que emitem, de sua aprovação.

E não é só isso.

Quando a nossa auto-estima está baixa, somos feridos por qualquer coisa dita a nosso respeito ou que a nós se refira. Quase não temos uma vida própria, uma personalidade.

Enquanto somos "possuídos" por outra pessoa, não é possível estarmos ligados a nós mesmos. Não vivemos por escolha própria; vivemos pela força dos outros.

Estar ligado a si mesmo significa confiar nos próprios sentimentos, estar em contato permanente com o próprio sentir pessoal, com a própria imagem, estar ciente de que se tem valor em qualquer circunstância.

Assim, pois, estar ligado a si mesmo significa sentir que existe, sem necessidade de afirmar-se por meio de contribuições externas, como o trabalho, a família, o afeto e o papel social.

Eu sou único e irrepetível.

Nenhum outro *sente* como eu.

Eu existo.

Vim a este mundo para exercer o meu papel, que é diferente do papel de qualquer outro.

Em vez de atribuir aos outros a culpa por seus próprios problemas, é preciso aprender a estar ligado a si mesmo, a posicionar-se diante da própria interioridade, a perceber que tem profundidade, a entender quais são os seus verdadeiros sentimentos pessoais, a respeitar o próprio corpo e torná-lo respeitado pelos outros.

O corpo nunca mente

Um caminho importante para voltar a ter confiança em si mesmo passa pelo próprio corpo.

Do corpo já falei em livros anteriores, mas aqui pode tornar-se o lugar não apenas para encontrar a si mesmo, mas também para dirigir-se a Deus.

O corpo não mente jamais e revela a situação interior da pessoa.

A mandíbula cerrada e ombros erguidos indicam estado de tensão ou até de medo. Há pessoas que exibem essa postura o tempo todo. Estão sempre alertas, em estado de alarme.

Braços e pernas cruzados e cabeça baixa indicam um estado de defesa, de proteção. Mãos cerradas, braços tensos, rígidos, e ombros caídos demonstram insegurança, e assim por diante.

Há pessoas que andam com a cabeça erguida, o dorso ereto, rijo. Parecem seguras, determinadas, desinibidas, mas... sua postura é exagerada em tudo: no fundo são pessoas bastante inseguras, que escondem desesperadamente a sua verdadeira natureza. Talvez a escondam até de si mesmas.

Na verdade, basta tocar essas pessoas que elas caem.

Têm uma estabilidade precária.

Não estão ligadas a si mesmas.

Para demonstrar uma postura correta, o dorso precisa ficar móvel, flexível, relaxado. Cada parte deve estar em harmonia com as outras.

Podemos imaginar que somos como uma árvore cujas raízes penetram na terra, de maneira que o ponto de equilíbrio do nosso corpo esteja, desde o início, entre os calcanhares e as panturrilhas. É uma posição que nos dá um forte senso de estabilidade, vigor e auto-estima.

Mediante práticas de treinamento autógeno, aprendi a imaginar a respiração atravessando todo o corpo, que a inspiração vem do céu, através da cabeça, corre todo o corpo, até o momento da expiração que, perpassando os pés, alcança a terra.

É assim que eu me sinto verdadeiramente parte da natureza e posso compreender que a confiança não está somente na minha cabeça, mas passa por todo o meu corpo.

Também aprendi que, deslocando meu centro de gravidade para o baixo ventre, posso relaxar totalmente. Desse modo, não me apóio em mim, mas me abro para Deus. Abrindo-me a uma realidade maior, não preciso estar sempre na defensiva ou agarrado a algo exterior a mim. Não se trata mais de impor-me algo, mas de permitir que uma realidade maior passe através de mim.

Enquanto escrevo estas linhas, o cenário da minha queda surge novamente na memória. Ocorre-me, de repente, que antes daquele dia eu nunca havia caído. Nem mesmo quando coloquei pela primeira vez os esquis.

Por que a partir daquele dia eu passei a cair?

Coincidência?

Concentrando-me nos momentos que precederam aquela queda que tanto me prejudicou, lembro que meu corpo estava muito rígido.

Estava principalmente tomado pelo medo.

Pela falta de confiança em mim mesmo.

Porém, não tanto por ser um principiante e não me sentir seguro sobre os esquis, mas... sim, agora eu recordo! Naquele dia eu estava fazendo um exercício um tanto difícil, é fato, mas meu inconsciente deixou de dizer que exatamente naquele dia o professor havia se sentido recompensado com meus progressos e estava convencido de que dentro de poucos dias, dois ou três, no máximo, eu poderia esquiar ao lado de Orsinko... e estava aí a verdadeira causa da minha queda. Meu corpo se rebelou.

Com a perna quebrada eu dei razão ao meu sentimento de inferioridade física diante de Orsinko. Pois agora que o inconsciente não está mais bloqueado, parece-me claro ter ocultado a sensação de embaraço, de mal disfarçada inferioridade em relação à juventude da moça e diante do seu corpo atlético: meu inconsciente não quis admitir que Orsinko é campeã de esqui acrobático, que é dez centímetros mais alta do que eu e que tem numerosos galanteadores...

A perna quebrada aniquilou definitivamente minha possibilidade de esquiar com ela, de estar com ela nos dias restantes da semana, deixando o campo livre para outros.

Será que meu corpo, prostrado por causa da perna quebrada, quis colocar-se no centro da sua atenção, ansioso por receber seus cuidados?

A confiança em Deus

O problema da confiança em si mesmo é, no fundo, uma questão espiritual. Interroga-nos sobre o que somos de fato, de onde se origina o valor de que estamos revestidos.

Eu sei. É questão de fé.

A confiança em Deus não pode ser alcançada por obrigação ou imposição. A esse propósito podemos ler passagens da Bíblia nas quais se fala do valor indiscutível de que cada um de nós é possuidor. Talvez, ao tomar consciência da grande confiança que Deus deposita em cada um de nós, possamos, também, convencer-nos a ter confiança em nós mesmos.

Assim procedendo, cresceremos em liberdade e independência, sobretudo com relação àquilo que constantemente nos diz o mundo ou diante das suas seduções. Aprenderemos a nos desvalorizar menos, a repreender-nos menos, a nos punir menos.

Não dependeremos mais do julgamento dos outros.

Lendo e relendo as páginas sobre confiança contidas na Bíblia, fui aos poucos descobrindo o valor que tenho e percebi que começava a não ter mais medo nem do mundo, ou seja, das pessoas que encontro, das coisas que acontecem, nem do que sinto por dentro, os medos, os instintos, as paixões.

Deus está comigo.

Compreendi, por mim mesmo, que não devemos ler as palavras da Bíblia forçados pela vontade. Não chegamos a Deus dessa maneira, e menos ainda com a razão.

As páginas que lemos não resolvem nossos problemas, mas nos transformam.

Deixar-se transformar.

Mudar de mentalidade.

Então, você não terá mais necessidade de cercar-se de pessoas ou de coisas, mas de acreditar em sua beleza interior.

Na medida do seu valor.

Nunca mais sós nem escravos

Nesse ponto, pensando ainda na minha desventura com Orsinko, pergunto-me: por que, tendo percebido que se tratava de uma mulher insensível, de coração de pedra, não me afastei, mas, pelo contrário, aproximei-me dela?

Porque havia perdido a confiança em mim.

Porque não conseguia ficar a sós comigo mesmo.

Estar na companhia dela era melhor do que estar em minha própria companhia. Achava que assim poderia preencher o meu vazio.

Depois, um dia, encontrei estas palavras de Isaías: "Canta, ó estéril, tu que não mais dás à luz! Explode de alegria e dá vivas, tu que já não tens as dores do parto! Pois os filhos da mulher abandonada são mais numerosos que os da casada, diz o Senhor" (Is 54,1).

Eu achava, naquela época, que tinha vivido inutilmente.

Sentia-me só e abandonado.

Mas as palavras que estavam diante de mim me diziam para eu não ter medo, que mesmo estando sozinho eu deveria exultar, porque eram numerosos os meus filhos espirituais...

Não foi só isso.

Deparei-me, também, com as palavras de são Paulo: "De fato, vós não recebestes espírito de escravos [...], mas recebestes o Espírito que, por adoção, vos torna filhos [...]" (Rm 8,15).

Ao ler essas palavras em um momento tão nebuloso para mim, comecei a sentir-me mais aliviado.

A voltar para mim mesmo.

Ser filho de Deus me libertava da escravidão dos homens, escravidão que eu havia construído por minha conta.

Escravo é quem dá aos outros poder sobre si mesmo.

É quem faz provir a sua auto-estima daqueles que o circundam: se o outro cura-o, olha para ele, o acaricia, então se sente bem; se ao contrário, o outro o evita, atribui-lhe culpa, o critica, então sente cair o mundo nas costas.

Se o outro é feliz, feliz sou também eu. Se o outro está triste, eu também sinto tristeza.

Não, não devemos permitir que nosso estado de espírito dependa do outro.

Não devemos atribuir aos outros esse poder.

Devemos recear aquele ou aquela a quem nós concedemos tal poder. Pois estamos nas mãos dessa pessoa. E teremos, sempre, o receio de que, graças ao poder que lhe conferimos, tal pessoa nos possa fazer mal.

Por outro lado, já o fato de sermos filhos de Deus nos confere um valor que ser humano nenhum *jamais* poderá arrebatar-nos.

Criaturas divinas

Ser filho de Deus: isso dá a mim o meu valor divino.

Não sou mais conduzido pelos genitores, não sou mais influenciado por suas mensagens; não assumo mais valor pelos outros, pelo meu pai, minha mãe, pelos amigos, pelos colegas; não me revisto de valor pelo fato de que o povo me tece louvores ou está do meu lado, mas pelo fato de que Deus me criou como ser maravilhoso.

O fato de saber que venho de Deus me liberta das expectativas e dos julgamentos dos seres humanos.

O fato de saber que todos somos seus filhos dá coragem para estar com o que cada um sente dentro de si.

A coragem da sua própria dignidade.

Nossa fé, no fundo, nos diz que de todo modo somos aceitos por Deus.

Se vivermos dentro dessa perspectiva, a desvalorização de si mesmo, as sensações, as repreensões que chegamos a interiorizar desvanecerão. Sentiremos que somos realmente preciosos para Deus, o que vai além da nossa própria auto-estima.

Quando alguém percebe claramente, no coração, como é visto por Deus, então tudo muda e passa a considerar de modo completamente diferente o quanto lhe acontece.

Não deverá constranger-se em confiar em si mesmo, porque conhecerá sua realidade mais profunda, a verdadeira razão por que veio a esta terra, a missão que Deus lhe confiou.

"Quando estou fraco, então é que sou forte"

Para aqueles que, como eu naqueles tempos, se sentem fracos, sós, abandonados, podem servir de ajuda as palavras de são Paulo, que diz: "Quando estou fraco, então é que sou forte" (2Cor 12,10).

Autoconfiança não significa ser forte sempre, saber sempre o que fazer, resolver qualquer problema.

Significa, antes, que nos aceitamos também na nossa fraqueza, porque sabemos que ao nosso lado sempre está Deus. A auto-estima decorre do fato de sermos seus filhos.

Já quem atrela a sua auto-estima ao fato de ser sempre forte, de haver realizado importantes metas econômicas, sociais, culturais, de ter grande poder, desabará com a experiência da derrota e da fraqueza.

7. A TIMIDEZ E O ACANHAMENTO SÃO SUPERADOS COM O AMOR

Não julgar

A pessoa tímida ou acanhada gasta seu tempo, inconscientemente, julgando os outros e a si mesma de uma maneira impiedosa.

Quando ficamos tomados pela timidez, pelo acanhamento, nossa baixa auto-estima nos leva a ver só os aspectos negativos, aqueles mais fracos, que não nos agradam.

Leva-nos a fazer julgamentos.

Assim procedemos conosco e com quem encontramos: enxergamos só os pontos fracos. Esquecemos que os outros (e nós mesmos) devem ser vistos em seu todo, sem fazer diferenças.

Também no caso de ter tido uma educação repressiva, a pessoa se habitua a julgar-se e se torna propensa a proceder assim a vida inteira, se não experimentar o amor.

O amor nos ensina a superar nossa propensão a fazer julgamentos. Se quisermos crescer em auto-estima, se quisermos nos libertar do acanhamento, da timidez, precisamos aprender a amar os outros incondicionalmente.

Aceitá-los do jeito que são.

Procedendo dessa maneira, aprenderemos até a aceitar incondicionalmente a nós mesmos.

Não devemos mudar as pessoas nem a nós. Devemos amá-las e nos amar.

Iremos aprender a enxergar os aspectos positivos das pessoas e disso, sem dúvida, tiraremos vantagem.

Dar é receber

O mundo nos diz naturalmente que aquilo que damos está perdido. Ensina-nos a guardar, a acumular, a receber, mas nunca a dar.

Para não sofrer a perda.

Em contrapartida, na lei do amor, dar é receber. Portanto, o que damos sempre volta para nós.

Por certo precisamos dar sem condições, gratuitamente, sem esperar qualquer retorno. Desse modo, a confiança em si aumenta, diminuindo a vergonha e a timidez, até chegar a eliminá-las.

Falando ainda de mim, no tempo em que levei aquela queda eu me sentia vazio, sozinho, inútil. Buscava nos outros o amor que não conseguia dar a mim mesmo, mas não foi uma boa solução.

Antes tivesse sido.

Erroneamente, acreditava eu que quando estamos livres de preocupação, quando nos sentimos vazios, sem amor, sem autoconfiança, devemos procurar nos outros o que nos falta; agora sei que não é assim.

Nesse caso, devemos amar alguém.

Sem querer transformar essa pessoa.

Sem esperar algo em troca.

Então, sim, esse amor volta para nós mesmos.

Incrível, mas é assim.

Experimente.

Hoje mesmo.

É preciso dar aos outros o que gostaríamos que fosse dado a nós.

O perdão

A vergonha, a timidez, a baixa auto-estima seriam facilmente eliminadas se fôssemos capazes de perdoar-nos e aos outros.

Perdoar significa libertar-se do passado.

Deixar perder aquilo que pensamos que os outros nos fizeram ou o que pensamos ter feito a eles. Graças a isso se pode, finalmente, viver o presente, livre, consciente, em pleno direito.

Nossa auto-estima aumenta sobretudo quando praticamos o perdão.

Já a pessoa que não sabe perdoar tem pouca auto-estima e é inflexível, porque não deixa o passado ir embora. Resiste à mudança. Pelo fato de não perdoar, impede que o futuro seja diferente do passado.

Tal pessoa também é presunçosa, como todos os tímidos, porque acredita ser a única inocente, ao passo que todas as demais são culpadas... Acredita ser a única a ter razão.

Com certeza, quem não perdoa não sabe perdoar nem a si mesmo.

Cada vez que considero o outro culpado, reforço meu fechamento, chamo a mim o sentimento de vergonha, de inadaptabilidade, minha baixa auto-estima.

O ataque como defesa

Talvez porque me descobri tímido, logo me dei conta de que sou uma pessoa habituada a reagir, a contra-atacar, a defender-se quando atacada.

Escrevendo este livro, entendi que é preciso mudar o modo de ver o mundo: e se, por exemplo, começássemos a entender que quem ataca é muitas vezes prisioneiro do medo?

Na realidade, o ataque é uma defesa.

E quem ataca ou se defende por certo não está em paz consigo mesmo. Em ambos os casos há, no fundo, uma busca de compreensão, de ajuda, de amor.

Nas primeiras páginas descrevi Orsinko, e o retrato que daí saiu não foi exatamente dos mais bonitos. Mas serviu para mostrar como a pessoa com baixa auto-estima percebe o outro.

Vimos, também, nas páginas anteriores, que o mecanismo de projeção é aquele que os tímidos usam mais. Analisar bem os outros para não fazer uma análise de si mesmo.

Além do mais, pode-se bem imaginar quanto esforço eu fiz para mudar Orsinko. Mas era amor verdadeiro? Ou, no fundo, no fundo, era um artifício para atacá-la, para provar que estava falhando, que ela era uma pessoa pouco confiável?

Por que não perdoei?

Por que não pratiquei o amor incondicional?

Você não é vítima

Quando nossa estima está em baixa, até parece que tudo quanto está ao nosso redor conspira contra nós, tudo nos parece hostil, adverso, impiedoso.

Mas será que nunca pensamos que aquilo que vemos, que experimentamos, é determinado pelo nosso modo de perceber os outros e o mundo?

Quando nos encontramos em paz com nós mesmos, quando experimentamos uma boa auto-estima, a vida e os outros nos parecem bem-vindos, amigáveis.

Por outro lado, quando não estamos bem, quando não temos uma boa auto-estima, sentimo-nos tímidos, fechados em vergonha; o mundo parece angustiante, difícil e impossível.

Em vez de fazer esforços sobre-humanos para exercer controle sobre o outro ou sobre o mundo ao redor, faremos bem ao mantermos sob controle a nossa interioridade, ao purificá-la dos pensamentos negativos.

Preferimos acreditar que somos feridos por aquilo que os outros nos fazem.

Mas não é assim.

Quando, por exemplo, temos ciúmes de outrem, é porque não encontramos segurança em nós mesmos e não naquela pessoa! Hoje, sou capaz de reconhecer que a falta de confiança que experimento diante do outro ou de quem encontro, na realidade, é falta de confiança em mim mesmo.

São exatamente os nossos pensamentos agressivos e autodestrutivos que nos machucam. Sentimo-nos agredidos por aquilo que vem de fora. Na realidade, fomos nós que primeiro agredimos a nós mesmos. Desse ponto de vista, o mundo e os outros são o reflexo daquilo que pensamos.

Podemos, e na verdade devemos, decidir a não mais nos sentir vítimas do mundo que nos cerca.

Nessa circunstância, devemos substituir os pensamentos negativos, de baixa auto-estima, por pensamentos de amor incondicional.

Vamos deixar de ferir a nós mesmos.

Pensemos que, dando amor incondicional ao outro, automaticamente damos amor a nós mesmos.

Viver o presente

Quando passamos por um período de baixa auto-estima, quando somos extremamente tímidos ou sentimos acanhamento, damos um poder descomedido ao passado. Até acreditamos que o passado irá repetir-se e que no futuro não haverá possibilidade de mudança.

Se não nos desligarmos das experiências dolorosas, dos erros e dos sentimentos de culpa do passado, nós nos impediremos de ter um futuro diferente.

Sentindo-nos fracos, somos levados a acreditar na baixa estima que experimentamos em relação a nós mesmos, convencemo-nos de que será sempre assim e, sem perceber, agimos de modo que isso aconteça de fato. Somos nós que, inconscientemente, repetimos nosso doloroso passado.

Já no livro *Para ser feliz,*[1] eu dizia que o passado e o futuro não existem.

---

[1] ALBISETTI, V. *Para ser feliz.* São Paulo, Paulinas, 1998.

São apenas conceitos, pensamentos, ilusões.

Não são realidade.

O passado é exatamente passado. O futuro ainda não chegou.

O que conta é o presente.

É o amor incondicional para com os outros a nossa única realidade.

Que possamos viver isso neste instante!

Trabalho e auto-estima

Às vezes sentimos vergonha do nosso trabalho.

Mas trabalhar nos faz sentir úteis.

Dá sentido ao nosso cotidiano.

Proporciona a sensação de sermos pessoas competentes, preparadas. Faz sentirmo-nos indispensáveis. Dá-nos a possibilidade de criar, de contribuir para melhorar a sociedade.

Faz-nos experimentar o senso de auto-realização.

Em qualquer que seja o trabalho que realizamos, é preciso aprender a vivê-lo como uma parcela significativa do conjunto da nossa auto-estima e como uma possibilidade concreta de interagir positivamente com o próximo.

Há amor para todos

Estamos chegando ao fim deste pequeno livro sobre a timidez e me dou conta de que o verdadeiro problema, de que o verdadeiro defeito do qual todos, uns mais outros menos, sofremos, é o de achar que nesta terra não existe amor para todos.

É um medo que vem do tempo de infância, quando pensávamos que nossos pais não tinham amor suficiente para todos. Crescemos, pois, pensando que qualquer pessoa poderia arrebatar o amor que nos pertencia.

Na verdade não é assim.

O sucesso do outro nada tira do nosso sucesso.

E o amor verdadeiro nunca chega a exaurir-se.

É uma aptidão.

É a capacidade de dar sem esperar receber.

É o seguimento da nossa unicidade. É a própria individualidade humana.

Conclusão

NÃO PERFEITOS, MAS ÍNTEGROS

Deus é fiel às suas promessas.

Ao final, cada um de nós encontra aquilo que procura.

Mas isso não ocorre da maneira que esperamos. Um saudável crescimento psicológico, com uma gradativa superação da vergonha, da timidez e de outras atitudes doentias, não pode contar apenas com as forças humanas.

Não se trata unicamente de força de vontade.

Você deve confiar naquela voz interior que lhe mostra o verdadeiro caminho. Você não deve depender de um outro ser para construir sua identidade.

Acontece muitas vezes, como aconteceu a mim, de confundir-se.

De parar.

De perder-se.

De cair.

Está escrito em nossa natureza humana, depois da expulsão do Éden. E quando isso acontece — este livro pretende testemunhá-lo —, não se deve recavar o passado nem se fazer aniquilar pelo sentimento de culpa, muito menos pela vergonha, porque essas atitudes resultam em afastar-nos do nosso eu.

Daquele lugar, dentro de nós, onde está o nosso centro de gravidade, onde está Deus.

É para lá que voltamos, sempre acolhidos, após qualquer fracasso.

As pessoas capazes de amor verdadeiro têm seu centro de gravidade e sabem dar-se reciprocamente, continuando a ser elas mesmas.

Muitas vezes me senti atraído exatamente por aqueles que pareciam rejeitar-me.

Mas não era uma rejeição.

Eram pessoas que me falavam de seus limites, da incapacidade delas diante de minhas necessidades e desejos.

Certo mesmo é que é difícil entender a si mesmo e entender os outros.

Desde que o gênero humano adquiriu o conhecimento e a consciência do bem e do mal, percebemos como é complexa e misteriosa a nossa existência.

Mas está bem assim.

As satisfações são muitas.

Deus não nos pede que sejamos perfeitos, mas que permaneçamos íntegros.

Ser íntegros significa não permitir que alguma das nossas partes fracas se imponha sobre toda a pessoa.

Ser íntegros significa aceitar a imperfeição: nossa e de quem vive do nosso lado.

Ser íntegros significa saber perdoar.

Ser íntegros significa jamais esquecer a própria individualidade.

Ser íntegros significa não ter ciúmes ou inveja da felicidade dos outros.

Ser íntegros, enfim, significa acreditar que continua existindo a possibilidade de amor para todos.

SUMÁRIO

Prefácio 7

1. A QUEDA 11
   A perda 11
   Ingenuidade 12
   Naquele dia 13
   Eu não queria 14
   Pensei muito 15
   Não se nasce tímido, nem repleto de vergonha;
   fica-se assim 15

2. UMA QUESTÃO DE CONFIANÇA 19
   Confiar no mundo 19
   Uma identidade equilibrada leva à integridade 20
   Unicidade e irrepetibilidade 21
   Uma boa comunicação 22

3. A PERFEIÇÃO NÃO É UM IDEAL 23
   Admitir as próprias fraquezas 23
   Independência diante do mundo exterior... 25
   ... e responsabilidade individual 25
   Vergonha e sentimento de culpa 26
   Somos muito mais do que o nosso eu 27
   Não precisamos ser perfeitos 28
   Podemos errar 29
   Cair para reerguer-se 30

4. EXPRESSÕES DE BAIXA AUTO-ESTIMA 35

Exibir-se 35

Não expressar a própria opinião
e sentir-se observado 36

Fazer constantes comparações 37

Ter medo dos outros, não correr riscos 38

Desvalorizar-se, diminuir-se 39

Procurar sempre a aprovação, não saber dizer não 39

Sentir-se superior 40

Como uma doença 42

5. ÀS VEZES BASTA O PENSAMENTO 43

Vergonha real ou imaginária 43

Ainda a propósito da queda 44

Estou exagerando? 45

Tendência ao isolamento 45

Tendência a agredir 46

Tendência a autodestruir-se 46

Depressão e resignação 47

Raiva 48

O verdadeiro problema 49

A vergonha muda o modo de viver 50

6. COMO DESCOBRIR O PRÓPRIO VALOR 53

O trabalho de aceitação total de si mesmo... 53

... demora a vida inteira 54

Não devemos confrontar... 55

... mas é preciso estar ligado a si mesmo 55

O corpo nunca mente 56

A confiança em Deus 59

Nunca mais sós nem escravos 60

Criaturas divinas 62

"Quando estou fraco, então é que sou forte" 63

7. A TIMIDEZ E O ACANHAMENTO
   SÃO SUPERADOS COM O AMOR 65
   Não julgar 65
   Dar é receber.. 66
   O perdão 67
   O ataque como defesa 68
   Você não é vítima 69
   Viver o presente 70
   Trabalho e auto-estima 71
   Há amor para todos... 71

CONCLUSÃO
   NÃO PERFEITOS, MAS ÍNTEGROS 73

Cadastre-se no site

www.paulinas.org.br

Para receber informações
sobre nossas novidades
na sua área de interesse:

• Adolescentes e Jovens • Bíblia • Biografias • Catequese
• Ciências da religião • Comunicação • Espiritualidade
• Educação • Ética • Família • História da Igreja e Liturgia
• Mariologia • Mensagens • Psicologia
• Recursos Pedagógicos • Sociologia e Teologia.

Telemarketing 0800 7010081

Impresso na gráfica da
Pia Sociedade Filhas de São Paulo
Via Raposo Tavares, km 19,145
05577-300 - São Paulo, SP - Brasil - 2004